GROUPE DES ARMÉES DU NORD

COURS DU GÉNIE

TOPOGRAPHIE

Capitaine NICOLAS

Vu et Approuvé :
Le Chef de Bataillon BARRÉ,
Directeur du Cours,
Signé : **BARRÉ.**

IMPRIMÉ AU G. C. T. A. IV

5 Février 1918

TOPOGRAPHIE

Capitaine **NICOLAS**

TABLE DES MATIÈRES

OUVRAGES CONSULTÉS

École de levers.

Cours de topographie de l'École d'application du Génie.

Leçons de topométrie, par M. M. d'Ocagne, chez Gauthier-Villars, 1910.

TOPOGRAPHIE

I. — INTRODUCTION

La leçon de Topographie de l'École d'Instruction du Génie s'adresse principalement aux Chefs de Section du Génie; elle sert de conférence préparatoire à l'exercice pratique de lever sur le terrain qui leur est demandé.

C'est pourquoi il ne faut pas compter trouver ci-dessous un véritable cours qui dépasserait considérablement le cadre de l'unique leçon qui est consacrée à la Topographie.

Le but poursuivi est beaucoup plus modeste; nous chercherons à donner un résumé pratique des principales méthodes de levers, suivi de quelques remarques sur leur adaptation aux travaux courants du Génie en campagne.

Constamment en effet, le sapeur doit avoir recours à des opérations topographiques dans les travaux qu'il est amené à exécuter en campagne : c'est la lanterne qui lui est indispensable pour y voir clair et marcher à coup sûr.

Citons comme principaux exemples :

Les travaux des camps ;
L'exécution d'abris tant superficiels que souterrains ;
La guerre de mines ;
Les routes ou pistes ;
L'établissement des voies ferrées de 0 m. 60 ou de 0 m. 40 ;
La construction des ponts (principalement de circonstance) ;
Les réparations de brèches dans les ouvrages d'art.

Dans ces divers cas, les levers nécessaires présentent en général les caractères suivants :

Une rapidité souvent très grande est exigée ;
Une précision relativement sommaire est le plus souvent suffisante,

Souvent des opérateurs professionnels exercés ressentent quelques difficultés pour s'adapter à ces conditions assez spéciales ; ils doivent réagir contre la tendance à rechercher une précision inutile dans la plupart des cas et en profiter pour augmenter considérablement la vitesse des opérations.

C'est ainsi que l'on doit et que l'on peut généralement se contenter des appareils de lever réglementaires faisant partie des Parcs de Compagnies de Sapeurs-Mineurs, modèle 1913 (voiture d'agrès de ponts). Aussi, nous insisterons surtout sur ces instruments qui, convenablement maniés, sont presque toujours suffisants dans la pratique.

L'Officier du Génie doit évidemment être capable de faire personnellement les opérations de levers : le cas s'est présenté fréquemment. Mais cette manière de faire est à éviter car elle risque d'absorber l'Officier et de le distraire de son rôle de Chef de Chantier. Ce ne doit être qu'un pis aller dans le cas où l'on ne dispose pas d'opérateurs. Mieux vaut, toutes les fois que c'est possible, dresser des Sous-Officiers ou Sapeurs à ces travaux pour ensuite se borner à les diriger. Cette direction réclame d'ailleurs des connaissances assez approfondies, en topographie, surtout quand il s'agit de donner des directives à des opérateurs professionnels tout en leur laissant l'initiative d'exécution indispensable pour en tirer un bon rendement. L'Officier doit avoir la souplesse nécessaire pour indiquer le but à atteindre sans imposer inutilement les détails de l'exécution.

II. — RAPPEL DE QUELQUES NOTIONS DE GÉOMÉTRIE

A. — Segment de droite

Soit un axe indéfini Ox orienté (fig. 1), c'est-à-dire où l'on a choisi une origine O et un sens positif Ox; prenons deux points quelconques AB, on appelle segment AB et l'on écrit AB la portion de droite ayant :

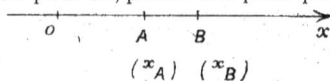

A pour origine ;

B pour extrémité ;

et AB comme sens de parcours.

Fig. 1

La mesure de ce segment compté sur l'axe orienté est par suite, un nombre algébrique positif ou négatif.

La position d'un point, A par exemple, sur l'axe Ox peut être définie par OA que l'on appelle abcisse du point A et que l'on écrit souvent x_A.

On démontre aisément la relation fondamentale :

$$AB = x_B - x_A,$$

qui s'énonce : la mesure d'un segment est égale à la différence algébrique entre l'abcisse de son extrémité et celle de son origine.

B. — Angles orientés

Un angle est la figure formée par deux demi-droites issues d'un point commun appelé le sommet de l'angle.

Si dans le plan autour d'un point O (fig. 2) nous définissons un sens positif de rotation (inverse des aiguilles d'une montre), on appelle angle orienté AOB et l'on figure par AOB l'angle qui a :

Pour origine OA ;

Pour extrémité OB;

Pour sens de parcours le sens de OA vers OB.

Fig. 2

L'unité de mesure est le grade, 1/100 partie de l'angle droit; le grade se divise en minutes centésimales (1/100 partie du grade) et secondes centésimales (1/100 partie de la minute)[1].

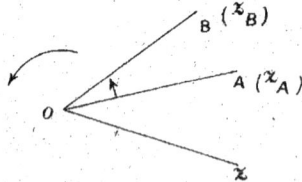

Deux angles différant d'un multiple quelconque de 400 grades sont égaux.

Dès lors, on peut mesurer un angle orienté dans un plan comme un segment sur une droite par un nombre algébrique ou négatif.

De même, la position d'une demi-droite OA dans le plan peut se définir par l'angle orienté ZOA que l'on écrit souvent z_A.

---

[1] Une autre unité de mesure dont l'usage tend d'ailleurs à disparaître est le degré ; comme beaucoup d'appareils sont gradués en degrés, il est indispensable d'en connaître l'existence.

Le degré est la 90e partie d'un angle droit. Il est divisé en 60 minutes qui elles-mêmes sont composées de 60 secondes ; pour éviter des confusions, on leur ajoute souvent l'adjectif « sexagésimal » par opposition aux minutes et secondes « centésimales » qui sont les sous-divisions du grade.

Citons que l'Aide-Mémoire de l'Officier du Génie en campagne donne un tableau de conversion des degrés en grades et réciproquement (IV, 9).

En particulier, si OZ coïncide avec le Nord magnétique (indiqué par la pointe bleue de l'aiguille aimantée), z_A s'appelle l'orientement de la direction OA.

(2) $\qquad$ $AOB = z_B - z_A$.

Soit un polygone fermé mais sans recoupement (fig. 3) et supposons qu'un opérateur chemine le long des côtés dans le sens direct et qu'il mesure à chaque sommet l'angle orienté ayant pour origine le dernier côté parcouru et pour extrémité le côté suivant à parcourir (angles indiqués par les flèches sur la figure); si n est le nombre des côtés, on a la relation :

(3) $\qquad$ Somme des angles mesurés $= (n + 2)\ 200$ grades.

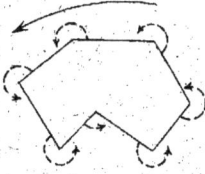 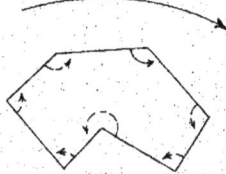

Fig. 3 $\qquad\qquad\qquad\qquad\qquad$ Fig. 4

Si on opère de même, mais en parcourant le polygone dans le sens inversé (fig. 4), on a par contre :

(4) $\qquad$ Sommes des angles mesurés $= (n - 2)\ 200$ grades.

C. — Cotes ou altitudes

On appelle cote ou altitude d'un point A (fig. 5) par rapport à un plan horizontal de comparaison HH′ pris comme origine (souvent le niveau de la mer), et l'on figure par (A) la distance verticale du point A au plan HH′ comptée positivement au-dessus de ce plan.

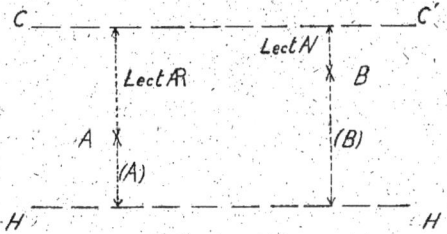

Fig. 5

On appelle différence de niveau entre deux points A et B la quantité algébrique (B) — (A).

Soit C un plan de comparaison auxiliaire, on a les égalités suivantes :

$$(C) = (A) + [(C) - (A)] = (B) + [(C) - (B)],$$

d'où l'on tire :

$$(B) = (A) + [(C) - (A)] - [(C) - (B)].$$

Si A est le point d'où l'on part, dit : point Arrière, pour chercher la cote d'un autre point A, dit : point Avant, en se servant d'un instrument auxiliaire C qui donne par lecture les différences de cote (C) — (A) et (C) — (B), on a donc l'égalité fondamentale suivante :

(5) $\qquad$ Cote Avant $=$ Cote Arrière $+$ Lecture Arrière $-$ Lecture Avant.

III. — LES OPÉRATIONS ÉLÉMENTAIRES DE LA TOPOGRAPHIE

Le but de la Topographie est de représenter, au moyen d'un dessin fait à une échelle déterminée :

Les formes du terrain ;

Les ouvrages existants ou projetés.

Cela nécessite d'abord l'exécution d'opérations élémentaires, comme la mesure :

Des distances ;

Des angles ;

Des différences de niveau.

Ensuite, à l'aide des méthodes appropriées, il faut coordonner les résultats des opérations pour aboutir dans des conditions d'exactitude et de rapidité suffisantes à la représentation que l'on recherche.

Dans l'étude ci-dessous, nous négligerons systématiquement beaucoup d'instruments et de méthodes très employés par ailleurs, mais qui ne sont pas d'une application courante dans la pratique des travaux de campagne du Génie.

A. — Mesure directe des longueurs. Chaînage

Les alignements qu'il s'agit de mesurer sont matérialisés sur le terrain par deux jalons ou repères dont on détermine la distance horizontale.

Nous examinerons deux cas :

1° Terrains peu inclinés, c'est-à-dire dont la pente est inférieure à 15 % ;

2° Longueurs relativement courtes à mesurer sur des pentes supérieures à 50 %.

1er cas : Terrain peu incliné

Pente inférieure à 15 % : l'instrument employé, chaîne d'arpenteur, double décamètre à ruban ou à câble d'acier, a une longueur de 10 ou 20 mètres ; il peut être rendu sensiblement horizontal par les opérateurs tenant les deux extrémités : l'un d'eux touche le sol, l'autre élève l'instrument à la demande.

Chacun des instruments ci-dessus est complété par un jeu de fiches ; dans le cas de la chaîne d'arpenteur de 10 mètres, on possède 11 fiches ; pour mesurer un alignement d'une longueur supérieure à 10 mètres, l'opérateur place l'une des poignées contre la première fiche plantée à l'origine de l'alignement ; l'aide opérateur muni des 10 autres fiches tend la chaîne ; quand l'opérateur a fait déplacer l'aide jusqu'à ce que la chaîne soit dans l'alignement voulu, l'aide plante une fiche, l'opérateur retire la fiche de départ et tous deux se déplacent ensemble dans la direction de l'alignement. Ils recommencent les mêmes opérations et quand 100 mètres ont été chaînés, l'aide ayant épuisé son jeu de fiches est obligé de reprendre à l'opérateur les fiches que celui-ci a ramassées ; on procède alors à l'inscription. Nous ne décrirons pas la lecture de l'appoint, dernière fraction de l'alignement inférieure à 10 mètres.

Précautions à prendre :

1° Vérifier la longueur de la chaîne d'arpenteur.

2° Vérifier avant et après les opérations qu'il y a bien 11 fiches ;

3° Éviter la formation de nœuds appelés voleurs, formés par torsion ou par une tension défectueuse de la chaîne ;

4° Mesurer deux fois toutes les longueurs.

PRÉCISION. — Sur 100 mètres, on peut arriver à mesurer à 10 centimètres près, soit 1/1000, mais il faut tenir compte de l'échelle à laquelle sera fait le lever. Pour une échelle donnée, il existe une limite à l'emploi d'un instrument avec une méthode déterminée. Dans le cas présent, par exemple, l'erreur faite dans la mesure des longueurs doit être de l'ordre de celles que l'on fait dans le report sur le dessin. A l'échelle du lever, elle est donc représentée par un trait de crayon, soit 1/10 de millimètre. Mais ces longueurs maxima dépendent non seulement de la valeur des mesures prises individuellement, mais encore du nombre d'opérations successives que nécessite leur chaînage.

En tenant compte de ces deux ordres de conditions, on peut admettre pour une chaîne de 10 mètres les limites d'emploi suivantes pour les différentes échelles :

1/100	10 mètres
1/1000.	100
1/10000	3.000
1/20000	4.500

INFLUENCE DU DÉFAUT D'HORIZONTALITÉ DE LA CHAINE. — On arrivera à montrer facilement qu'une différence de niveau de 30 à 40 millimètres entre les extrémités produit une erreur de l'ordre 1/1000; c'est donc le maximum que l'on peut tolérer. D'ailleurs, dans la limite des pentes indiquées, on arrive facilement à placer la chaîne horizontalement avec cette approximation.

Nous sommes entrés dans les détails ci-dessus à propos du cas présent pour montrer sur un exemple simple ce qu'il faut entendre par précision dans une opération de Topographie.

Le double décamètre à câble d'acier s'emploie avec 6 fiches et donne une précision un peu plus grande 1/1250 environ au lieu de 1/1000.

2ᵉ cas : Terrain très incliné

Pente supérieure à 50 % : un exemple fréquent se présente dans les descentes d'abris ou galeries de mines. En général d'ailleurs, les longueurs à mesurer ainsi sont relativement courtes (de l'ordre de 20 mètres). On emploie alors le procédé dénommé « par ressauts horizontaux ». On utilise par exemple une règle de 2 mètres dont l'horizontalité est vérifiée au moyen d'un niveau de charpentier ; l'une des extrémités touche le sol, l'autre est reportée verticalement sur le sol au moyen d'un fil à plomb dont la trace sert d'origine au ressaut suivant. On arrive avec quelques soins à une précision du 1/500 environ qui se trouve être généralement suffisante.

B. — Mesures des angles

1° Goniasmomètre

PRINCIPE. — Cet appareil mis en station au sommet d'un angle AOB donne par lectures successives les angles orientés z_A et z_B que font les côtés avec une origine fixe ; en appliquant la relation

(2)
$$AOB = z_B - z_A,$$

on en déduit facilement la valeur de l'angle à mesurer.

DESCRIPTION. — Un trépied sert à la mise en station ; une douille est articulée au moyen d'un genou sphérique à l'appareil proprement dit et permet de le mettre en station. Pour cela, on place le centre du trépied au-dessus du repère de station et on rend l'appareil sensiblement vertical au moyen du genou (vérification au moyen d'une petite nivelle sphérique supérieure).

L'appareil proprement dit se compose :

1° D'une douille terminée par le genou sphérique de fixation ;

2° D'un tambour inférieur T_1 (voir fig. 6) qui peut s'immobiliser sur la douille au moyen d'une vis de pression ; il porte une fente f_0 et une fente à crin c_0 déterminant un plan de visée vertical et une graduation G de 0 à 400 grades, de grade en grade dans le sens direct ;

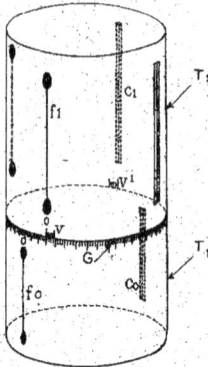

Fig. 6

Schéma montrant les organes du goniasmomètre employés dans la mesure des angles.

3° D'un tambour supérieur qui se déplace sur le tambour inférieur au moyen d'une vis à crémaillère et porte deux systèmes de fentes déterminant deux plans de visée verticaux perpendiculaires. Il porte en outre deux repères 0 diamétralement opposés suivi de deux verniers VV′ au 1/10, ce qui permet de lire les 10′ centésimales. Le plan $f_1 c_1$ coïncide avec le vertical des zéros des deux verniers.

THÉORIE DU VERNIER. — On appelle graduation une série de traits équidistants numérotés dans un certain sens, par exemple la graduation G du goniasmomètre ; chaque intervalle correspond à un grade, les chiffres marquent les dizaines de grades.

On appelle repère un trait marqué 0 sur une pièce mobile se déplaçant sur une graduation. S'il coïncide avec un trait de la graduation, on appelle lecture le nombre de la graduation correspondant au repère. S'il ne coïncide pas avec un trait, on lit le chiffre immédiatement précédent de la graduation (en ayant soin de tenir compte du sens de celle-ci), l'écart qui existe s'appelle l'appoint ; le vernier est une graduation spéciale portée à la suite du repère permettant d'évaluer cet appoint.

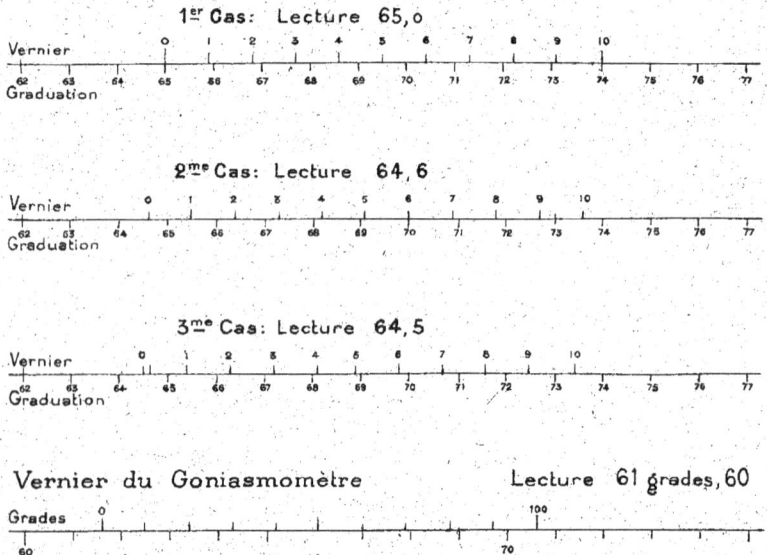

Vernier du Goniasmomètre   Lecture 61 grades, 60

Fig. 7

Pour simplifier, supposons (fig. 7) tous les traits de la graduation numérotés, le vernier au 1/10 (ou permettant d'évaluer un appoint en dixièmes de la graduation inférieure) se composera de 10 divisions, égales chacune aux 9/10 d'une division de la graduation et numérotées de 1 à 10. Dès lors, trois cas peuvent se présenter :

1° Le 0 coïncide avec le trait 65 par exemple de la graduation ;

Le trait 1 du vernier retardera de 1/10 sur le trait 66 ;

— 2 — — 2/10 — 67 ;

etc...

— 9 — — 9/10 — 74 ;

— 10 — — 10/10 — 75

de la graduation, c'est-à-dire coïncidera avec 74. On lira : 65,0.

2° Le 0 est entre 64 et 65, mais le trait 6 du vernier coïncide avec un trait de la graduation, donc :

Le trait 5 avance de 1/10 sur le trait de la graduation qui le précède ;

— 4 — 2/10 — —

— 3 — 3/10 — —

— 2 — 4/10 — —

— 1 — 5/10 — —

— 0 — 6/10 — —

l'appoint est donc 6/10. On lira 64,6.

3° Le 0 étant toujours entre 64 et 65, aucun trait du vernier ne coïncide avec un trait de la graduation, mais 2 traits consécutifs 4 et 5 du vernier sont compris dans le même intervalle de la graduation. Par la pensée, poussons légèrement le vernier à droite, le trait 5 coïncidera avec un trait de la graduation, donc la lecture à faire est plus petite que 64,5. Par la pensée, déplaçons au contraire le vernier vers la gauche, le trait 4 coïncidera avec un trait de la graduation, donc la lecture à faire est plus grande que 64,4. Elle est comprise entre les deux : on choisira 64,4 ou 64,5 suivant que c'était le trait 4 ou 5 qui était primitivement le plus près de la coïncidence avec un trait de la graduation. S'ils sont à égale distance, on lira 64,45.

Pour éviter de faire des erreurs, dans chaque nouveau vernier dont on a à se servir, il faut, pour se rendre compte de l'appoint que représente une division du vernier, refaire le calcul suivant :

Que représente une division de la graduation ? Dans le cas particulier du goniasmomètre : un grade, soit 100 minutes centésimales.

Combien y a-t-il de divisions au vernier ? Réponse : 10. Donc le vernier est au 1/10 et chacun des 10 appoints du vernier vaudra 1/10 grade = 10 minutes.

Cette parenthèse sur le vernier étant achevée, revenons au goniasmomètre et à son mode d'emploi.

MODE OPÉRATOIRE. — La mise en station étant assurée, on vise un point fixe avec le plan $f_0\, c_0$ du tambour inférieur, puis choisissant l'un des plans de visée supérieurs (toujours le même) $f_1\, c_1$ par exemple, on l'amène dans la direction OB au moyen de la crémaillère, puis on fait les lectures aux 2 verniers V et V'. Soient V_2, V'_2 les nombres trouvés. On amène ensuite $f_1\, c_1$ sur la direction OA, ce qui donne dans les mêmes conditions les lectures V_1 et V'_1. Avant de quitter la station on vérifie que le plan de visée de tambour inférieur $f_0\, c_0$ est toujours sur le repère afin de s'assurer de la fixité de l'origine des angles pendant la durée de l'opération. On a alors en grandeur et en signe :

$$AOB = \frac{V_2 + V'_2}{2} - \frac{V_1 + V'_1}{2}$$

Mais les inscriptions ne doivent pas se faire sans méthode. Il est indispensable dans toute opération de Topographie de décomposer à l'avance tous les détails en les raisonnant. Il faut arriver à faire les inscriptions mécaniquement pour éviter les erreurs. On fait choix d'un modèle de carnet avec lequel l'opérateur doit être parfaitement familiarisé et qui doit être adapté non seulement à l'instrument, mais aussi à la méthode de lever employée. Nous en montrerons plus loin des exemples simples.

PRÉCISION. — On arrive à mesurer les angles à 10′ près. Graphiquement, le rayon de l'appareil donne la mesure réduite à l'échelle des portées qu'il est prudent de ne pas dépasser sans se ménager des vérifications.

2º Planchette sur pied avec alidade nivélatrice

PRINCIPE. — Cet appareil permet de mesurer graphiquement des angles par inscription directe sur un papier fixé sur la planchette.

DESCRIPTION. — La planchette (nous parlons de la planchette petit modèle 40×50 des parcs de S/M) est fixée sur un trépied qui sert à la mettre en station au sommet de l'angle. Il faut avoir soin de placer au-dessus du repère, non pas le centre de la planchette, mais le point qui figure sur le dessin la station en question. La coïncidence absolue n'est pas indispensable, l'écart admissible varie avec les portées employées. Par exemple, un décalement de 12 centimètres sur une visée de 30 mètres produit une erreur inférieure à celle qui résulte de l'instrument employé à viser.

L'alidade nivélatrice porte un petit niveau qui sert à rendre la planchette sensiblement horizontale. Sur le côté, un biseau sert à tracer les directions sur la planchette; par construction, il est parallèle au plan de visée vertical déterminé par l'œilleton et la fente à crin quand les branches qui portent ces deux appareils sont relevées.

On vise successivement les deux jalons matérialisant les côtés de l'angle en faisant pivoter l'alidade autour du point figurant la station; chaque fois, on trace le trait correspondant le long du biseau; il en résulte le report graphique de l'angle à mesurer.

L'un des côtés peut être tracé à l'avance et on oriente alors la planchette sur cette direction en plaçant le biseau de l'alidade sur le côté tracé et en faisant pivoter la planchette pour faire coïncider le plan de visée avec la direction en question.

La précision d'une mesure isolée est assez grande et peut avoir comme mesure graphique les portées représentées par la longueur de l'alidade employée, soit 200 millimètres environ.

PLANCHETTE DÉCLINÉE. — Dans les levers rapides, on évite les difficultés d'orientement à la mise en station par l'emploi d'une boussole dite *déclinatoire* fixée invariablement à la planchette, et qui, ramenée à chaque station entre ses repères, sert à décliner la planchette, c'est-à-dire à la transporter parallèlement à elle-même.

Ce procédé assez rapide présente les inconvénients communs à toutes les boussoles; en outre, la précision graphique d'une mesure isolée ne dépasse guère le rayon de l'aiguille aimantée employée (40 millimètres environ). Il a par contre l'avantage de ne pas accumuler les erreurs des stations précédentes. Comme tel, il servira particulièrement dans les levers de polygones par cheminement.

REMARQUE. — L'alidade nivélatrice sert également à mesurer des pentes.

3º Boussole Burnier

Cet appareil peu encombrant peut être fixé sur un pied ou tenu à la main; il donne, par simple lecture, l'orientement de la direction que l'on vise (fig. 8) au moyen d'un plan de visée vertical (fente *f* et fenêtre à crin *c*). Une petite boussole *b* qui peut osciller quand on la dégage de son dispositif de calage (poussoir sur le côté de la boîte) porte une graduation extérieure *g* circulaire en grades dans le sens direct; le 0 se trouvant à l'aplomb de la pointe Sud elle se déplace devant un index *i* que l'on peut examiner avec une loupe et qui, par construction, donne l'orientement dans le sens direct (Ouest) du plan de visée. Un petit bouton, dit *frein*, permet de calmer les oscillations de la boussole; il doit toujours être lâché au moment où l'on fait la lecture.

PRÉCAUTIONS. — Il faut s'assurer que la boussole n'est pas paresseuse et qu'elle ne frotte en aucun point au moment où l'on fait les lectures.

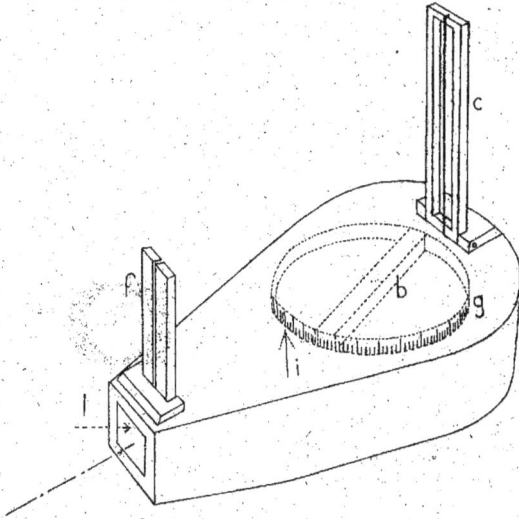

Fig. 8

Schéma montrant les éléments essentiels de la boussole Burnier qui servent à mesurer les angles

Le voisinage des masses magnétiques fixes (fers, aciers, etc.) produit des troubles qui déterminent une déviation de l'aiguille, constante pour une station déterminée. Cela n'empêche pas de mesurer un angle, mais tous les orientements lus sont faussés d'une quantité constante et différente pour chaque station.

Le voisinage des champs électriques (lignes de transport de force, dynamos, moteurs, transformateurs) affole la boussole et en interdit absolument l'emploi.

PRÉCISION. — On lit couramment les orientements à un grade près avec un trépied ; à 2 grades près si l'appareil est tenu à la main. Avec des boussoles en bon état, des opérateurs soigneux sont arrivés à une précision supérieure. Des résultats très satisfaisants ont été obtenus sur des polygones souterrains ayant comme plus grande diagonale 20 mètres.

Cet appareil peut donc rendre de bons services dans la construction d'abris souterrains.

REMARQUE. — L'appareil est muni d'un dispositif à pendule qui sert à mesurer les pentes.

C. — Mesure des différences de niveau ou altimétrie

Dans le cas particulier d'un puits, on emploie la mesure directe au moyen d'un double-décamètre. S'il s'agit d'une descente d'abri rapide (pente supérieure à 50 %) on mesure directement les différences de niveau au moyen de ressauts horizontaux déterminés par une règle de 2 mètres, un niveau de charpentier et un fil à plomb. Dans les autres cas, on se sert d'appareils donnant des plans de comparaison auxiliaires; le plus employé en campagne est le niveau collimateur avec mire à voyant. Néanmoins, en raison de ses applications dans les nivellements qui demandent plus de précision, nous donnerons aussi quelques indications sur l'emploi du niveau à fiole réversible avec mire parlante.

1° Niveau collimateur

Cet appareil comporte un bâti monté sur pied. Par un mouvement hélicoïdal de rotation de la partie supérieure de l'instrument, on libère un petit pendule suspendu par une Cardan qui lui permet d'osciller dans tous les sens. Un frein sert à calmer les oscillations. La figure 9 donne un schéma des pièces séparées : tourillons solidaires du bâti t, Cardan c, pendule p. Un petit collimateur d qui fait apparaître un fil horizontal est fixé au pendule de telle sorte qu'il détermine un plan de visée horizontal quand le pendule est arrêté dans sa position d'équilibre. Une petite fenêtre latérale permet de prolonger par la pensée ce

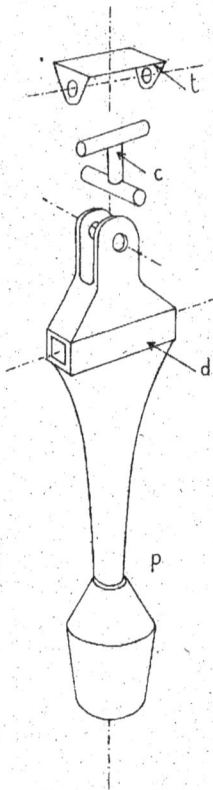

Fig. 10

plan sur l'objet que l'on vise (voir fig. 10). Celui-ci est généralement le voyant d'une mire qu'un aide tient verticale au point voulu. L'opérateur le fait déplacer jusqu'à ce que le fil horizontal du collimateur bissecte le repère du voyant. On note alors la lecture sur l'échelle convenable de la mire et on inscrit ainsi la différence de niveau entre le point visé où l'on a placé le pied de la mire et le plan de comparaison du collimateur pour la station considérée.

PRÉCAUTIONS. — Vérifier que le pendule est bien libre et ne touche les bords du bâti en aucun point.

Ne pas appuyer sur le frein au moment d'une lecture.

Vérifier avec soin que l'aide opérateur se sert bien de l'échelle voulue.

Avoir soin de se placer à égale distance environ des deux points dont on cherche la différence de niveau, ce qui permet de faire des mesures acceptables même avec un niveau faux ; dans ce dernier cas en effet, au lieu d'un plan de comparaison, on a un cône de révolution à axe vertical passant par la station du niveau. Il est évident que deux points situés sur ce cône à égale distance de l'axe sont au même niveau.

Fig. 9

Schéma montrant les organes essentiels du niveau collimateur

PRÉCISION. — Moyennant les précautions précédentes et à condition de ne pas dépasser des portées de 30 mètres, on peut mesurer une différence de niveau à 1 centimètre près. Par construction, cet appareil ne peut se régler [1].

Comme dans le cas du goniasmomètre, il est indispensable de tenir un carnet. Nous en donnerons plus loin un modèle. Les cotes négatives sont à éviter ; c'est pourquoi l'on fait généralement, pour une opération déterminée, choix d'un repère fixe et commode auquel on donne une cote ronde (10 mètres ou 100 mètres par exemple) et auquel on rattache toutes les cotes du lever.

[1] On peut seulement le vérifier : pour cela, rompant avec les précautions rappelées ci-dessus, on mesure une même différence de niveau entre deux points écartés de 30 mètres de deux façons différentes : en se mettant une fois à 2 mètres seulement du premier point, la deuxième fois à 2 mètres du deuxième. On trouve deux nombres différents et la moitié de leur différence donne une idée de l'erreur que l'on commet en visant un point situé à 30 mètres. On a donc ainsi la pente du cône de comparaison réalisé dans ce cas par le collimateur.

2º Niveau à lunette et à fiole réversible

PRINCIPE. — Dans cet appareil, l'axe optique d'une lunette astronomique est rendu horizontal au moyen d'un niveau à bulle; en tournant autour d'un axe, vertical, il engendre un plan horizontal de comparaison.

Des lectures sont faites par l'opérateur lui-même depuis la station, car on emploie généralement des mires parlantes : ces instruments sont gradués en centimètres par des bandes de couleurs différentes, blanc et rouge par exemple, les décimètres et demi-décimètres étant marqués de façon bien apparente. Les millimètres s'estiment à vue. Il ne faut pas oublier que, dans une lunette astronomique, les images sont renversées; aussi il y a lieu de prendre certaines précautions; en général, les chiffres étant peints renversés, ils sont automatiquement redressés par la lunette, mais les appoints (centimètres et millimètres) doivent être lus au-dessus et non pas au-dessous du fil horizontal du réticule.

DESCRIPTION SOMMAIRE. — L'appareil est mis en station sur un trépied et comporte (voir fig. 11) :

1º Un support fixe A reposant sur le trépied par l'intermédiaire de trois vis calantes qui permettent de rendre l'axe de rotation xx' vertical;

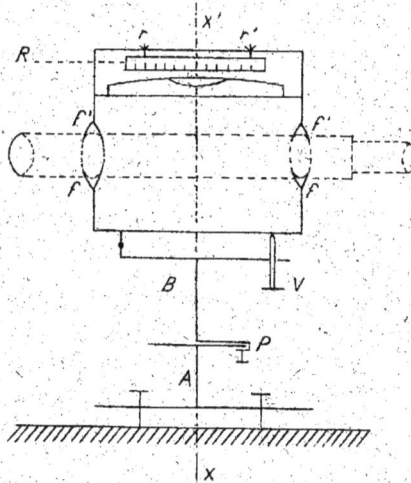

2º Le porte-lunette B mobile autour de l'axe xx' qui peut être immobilisé au moyen d'une vis de pression P. En outre, au moyen d'une vis V dite *de fin de calage*, on peut obtenir de légers déplacements verticaux de l'une des fourches ff porte-lunette par rapport à l'autre;

3º La lunette servant à la visée repose par des colliers circulaires sur les deux fourches précédentes. Elle peut tourner sur ses colliers et deux butées l'arrêtent dans deux positions correspondant à une demi-révolution.

Elle possède un réticule qui sert avec le centre optique de l'objectif à définir l'axe optique; ce réticule est mobile et permet de rendre cet axe parallèle à l'axe géométrique de la lunette, c'est-à-dire à la ligne joignant les centres des colliers.

Fig. 11
Schéma du niveau à lunette à fiole réversible

4º Le niveau à fiole repose sur les colliers de la lunette par deux fourches $f'f'$; la lecture du niveau se fait sur une petite réglette R fixée par deux vis rr' et que l'on peut déplacer parallèlement à l'axe de la lunette.

La fiole du niveau peut être retournée bout pour bout sur les colliers. Par un dispositif de taquets que nous ne décrirons pas, à chacune des deux positions d'arrêt de la lunette (voir plus haut) correspond une seule position possible pour la fiole. Pour s'assurer rapidement et convenablement que ces deux conditions sont réalisées, il suffit d'amener en regard l'un de l'autre les deux chiffres 1 ou les deux chiffres 2 portés respectivement par la lunette et les fourches du porte-fiole.

RÉGLAGE DU NIVEAU À LUNETTE. — Les conditions à réaliser sont les suivantes :

1º Il faut d'abord rendre la ligne de foi du niveau parallèle à l'axe optique de la lunette;

2º Ensuite, il faut rendre la ligne de foi du niveau perpendiculaire à l'axe de rotation de l'appareil;

3º Enfin, il faut rendre l'axe de rotation de l'appareil vertical.

1º La ligne de foi du niveau est définie par la réglette mobile qui sert aux lectures.

On commence par rendre la ligne de foi parallèle à l'axe géométrique de la lunette que l'on rendra lui-même ensuite parallèle à l'axe optique.

A cet effet, calant l'appareil avec la vis P parallèlement à la ligne joignant deux des trois vis de calage, on amène la bulle entre ses repères en agissant sur les deux vis en question [1]; après retournement de la fiole on fait la lecture sur la réglette, on corrige de la moitié de l'écart en déplaçant la réglette et on recommence jusqu'à satisfaction.

Puis, on rend l'axe optique de la lunette parallèle à l'axe géométrique.

A cet effet, mettant les deux chiffres 1 en regard, on vise un point déterminé, son visage coïncidant avec le point de croisement des fils du réticule; puis on amène les deux chiffres 2 en regard. On corrige la moitié de l'écart en agissant sur les vis de réglage du réticule et on recommence jusqu'à satisfaction.

2º Après le réglage précédent, l'ensemble niveau-lunette est solidaire et on obtient son déplacement simultané en agissant sur la vis de calage.

Pour rendre l'axe de rotation perpendiculaire à la ligne de foi, on commence par caler l'appareil avec la vis P dans une direction parallèle à deux vis de calage. On agit sur celles-ci pour amener la bulle entre ses repères. Au moyen de P, on cale ensuite l'appareil dans la position diamétralement opposée. L'écart lu sur la réglette est corrigé de moitié au moyen de la vis de fin de calage et on recommence jusqu'à satisfaction.

3º Pour rendre l'axe de rotation vertical une fois les réglages précédents achevés, on cale l'appareil avec P dans une direction parallèle à la ligne joignant deux vis de calage.

On amène la bulle entre ses repères en agissant sur ces deux vis. Puis, on cale dans une direction perpendiculaire et on corrige de tout l'écart observé à la bulle au moyen de la troisième vis seulement sans toucher aux deux premières. On recommence jusqu'à satisfaction : l'appareil est alors réglé.

MODE OPÉRATOIRE. — Dans la pratique, on opère ainsi qu'il suit :

1º Calage approximatif de l'axe de rotation, le niveau étant supposé réglé;

2º Réglage du niveau;

3º Calage exact de l'axe.

Le réglage n'est jamais parfait; aussi il y a lieu, pour corriger les défauts de réglage et compenser diverses erreurs systématiques, de procéder ainsi qu'il suit pour donner un coup de niveau.

Les chiffres 1 étant en regard, on vise la mire, on cale au moyen de la vis P et on amène exactement la bulle entre ses repères au moyen de la vis de fin de calage; d'où une lecture 1_1 par exemple; par retournement de la fiole et rotation de la lunette, on amène les deux chiffres 2 en regard et la bulle est ramenée ensuite entre ses repères par action sur la vis de fin de calage, ce qui donne la lecture 1_2; on prend la moyenne $\frac{1_1 + 1_2}{2}$ comme lecture correspondant au coup de niveau. Souvent, pour éviter ce petit calcul, la mire est graduée en doubles centimètres; il suffit alors d'ajouter purement et simplement les deux lectures.

PRÉCISION. — En opérant avec les précautions ci-dessus sur des portées de 100 mètres, on arrive à faire sur une opération des erreurs inférieures à 1 millimètre.

Sur un cheminement de 1.000 mètres comportant douze stations avec portée maxima de 150 mètres, l'erreur de fermeture doit être inférieure à 1 centimètre.

Il existe des niveaux à fiole non reversible où l'on opère par retournement de la lunette; pour les particularités relatives à leur réglage et leur emploi, voir Aide-Mémoire de l'Officier du Génie IV, 39, et Ecole de Levers, § 215 et suivants.

[1] A cet effet, tourner simultanément de quantités égales les deux vis en sens inverse.

IV. — LES MÉTHODES TOPOGRAPHIQUES

A. — Des fautes et des erreurs

Ce sont les diverses causes d'inexactitude dans les travaux de levers.

Les *fautes* sont causées par un oubli, une négligence, une maladresse de l'opérateur :

Exemples : Confusion de chiffres dans une lecture ;
Perte de fiches dans un chaînage.

Les erreurs proviennent par contre des imperfections tant de nos sens que des instruments employés.

Parmi les erreurs, on distingue :

1º Les *erreurs systématiques* provenant d'un vice de principe qui fausse les résultats toujours dans le même sens et en raison directe du nombre des opérations.

Exemple : Emploi dans un chaînage d'une chaîne trop courte.

2º Les *erreurs accidentelles* qui sont inévitables et dont les causes sont inconnues mais variables.

Exemple : Visée sur un jalon non vertical, légère erreur d'excentricité dans une mise en station, etc.

Leurs caractéristiques sont d'être petites, de sens variable et de se compenser dans une certaine mesure.

L'étude des erreurs conduit à écrire que si e_s est l'erreur systématique qui entache chacune des n opérations identiques successives et si e_a est l'erreur accidentelle maxima dans chaque opération, le résultat sera entaché d'une erreur résultante e :

$$e = n \times e_s + e_a\sqrt{n}.$$

Exemple : La somme de 16 angles connus chacun à 10′ près sera elle-même connue avec une approximation de

$$10' \times \sqrt{16} = 40'.$$

Autre exemple : Si nous chaînons 100 mètres avec un décamètre qui n'a que 998 centimètres de long, on fera certainement une erreur systématique de $2 \times 10 = 20$ centimètres.

Les fautes sont inadmissibles ; il faut les combattre :

1º Préventivement, en observant les précautions indiquées à propos de chaque opération ;

2º Après coup, en se ménageant par les méthodes employées des vérifications qui les font ressortir.

Quant aux erreurs, il est impossible de les éliminer totalement ; on cherche à les atténuer :

1º Par les procédés employés (exemple : lecture de deux verniers, retournement de lunettes, etc.), qui corrigent automatiquement certaines erreurs systématiques dont la cause est connue ;

2º Par de nombreuses vérifications qui font ressortir ce que l'on appelle des erreurs de fermeture. Celles-ci sont ou bien inadmissibles et font ressortir une faute grossière et dans ce cas on recommence ; ou bien elles sont admissibles, c'est-à-dire de l'ordre de l'erreur admise pour un bon opérateur faisant les mêmes opérations sans faute avec les mêmes instruments. L'erreur admissible dépend de l'instrument, des conditions d'emploi et du nombre des opérations. Par exemple, dans le cas d'un nivellement au moyen d'un collimateur d'un polygone fermé de 7 ou 8 points distant de 40 à 50 mètres les uns des autres, l'erreur de fermeture admissible

est de 4 centimètres. Dans le cas où la fermeture doit être rigoureuse, on procède à la compensation, c'est-à-dire que l'on répartit en sens inverse à chacune des opérations une fraction convenable de l'erreur de fermeture pour obtenir sur les quantités rectifiées une erreur de fermeture nulle.

B. — Canevas et lever de détails

Pour lever un ensemble, il ne peut être question de lever tous les points : le temps nécessaire serait très long et les erreurs s'accumuleraient sans cesse. Aussi, pour atteindre le but que l'on se propose, exécuter avec la vitesse maxima et une précision déterminée un lever donné, on organise le travail en sériant les opérations :

1º On choisit un *canevas*, sorte de polygone fermé ou réseau composé de plusieurs polygones, destiné à être levé avec précision, puis à former la charpente, le squelette, pour ainsi dire, du lever, qui sera complété ensuite, une fois cette base de départ solidement établie.

Un canevas peut dans certains cas se réduire à une base rectiligne (exemple, abri souterrain à deux entrées).

Généralement, il est polygonal et doit se fermer au moins une fois pour permettre les vérifications. Il doit s'étendre dans toutes les régions intéressées par le lever pour qu'un point quelconque à lever puisse être rattaché rapidement (analogie avec un réseau de distribution électrique).

Les points formant les sommets du canevas doivent être nettement réparables et accessibles (dans des cas exceptionnels, on peut également avec des procédés spéciaux employer des points inaccessibles). Certains doivent être fixes pour permettre l'utilisation ultérieure du canevas.

Il est indispensable d'avoir des côtés de longueurs comparables. Cela donne aux diverses opérations du lever du canevas une constance de conditions, sorte d'homogénéité qui diminue les difficultés d'exécution et réduit considérablement les erreurs. Si le canevas se compose d'un polygone unique, il y a intérêt à lui donner une forme allongée pour permettre par des traverses rapides de localiser une faute qui aurait été révélée à la fermeture.

2º Une fois le canevas établi (et parfois simultanément lorsqu'on possède une pratique courante des levers) on lève les *détails* importants par des méthodes plus rapides, en ayant soin de les rattacher au canevas. Souvent, la précision exigée est moindre, car les erreurs commises ne s'accumulent pas et ne faussent pas du tout l'ensemble du lever comme dans le cas des points faisant partie du canevas. Il est bon néanmoins de se ménager quelques vérifications.

On achève ensuite à main levée et on procède ainsi à une sorte d'habillage final qui peut dès lors se faire avec aisance puisqu'on est sûr des grandes lignes et des détails les plus importants.

C. — Lever par cheminement

Pour ainsi dire exclusivement employé dans les levers de canevas.

Pour lever un polygone fermé par la méthode du cheminement, on le parcourt dans un sens déterminé en mesurant :

Les distances de sommet à sommet ;

Les angles que font les côtés du polygone entre eux ;

Les différences de niveau d'un sommet au suivant jusqu'à ce que l'on soit revenu au point de départ. Il en résulte évidemment un certain nombre de vérifications.

1º ANGLES. — D'après les relations (3) et (4) rappelées ci-dessus, on peut calculer la somme des angles à l'avance ; par comparaison avec la somme des angles mesurés, en déduit une erreur de fermeture ; comme la relation doit être vérifiée rigoureusement, si l'erreur est admissible, on la répartit par parties égales entre tous les sommets.

Carnet de mesure d'angles par la méthode du cheminement

Instrument employé : GONIASMOMÈTRE A 2 VERNIERS

DÉSIGNATION des STATIONS	VISÉE ARRIÈRE			VISÉE AVANT			ANGLE Avant — Arrière	COMPENSATION		REPÉREMENTS ET CROQUIS
	Premier vernier	Deuxième vernier	Moyenne	Premier vernier	Deuxième vernier	Moyenne		Répartition	Angle compensé	
A......	129,00	129,10	129,05	87,30	87,30	87,30	358,25	+0,05	358,30	
B......	201,00	201,20	201,10	123,70	123,90	123,80	322,70	+0,05	322,75	
C......	307,40	307,60	307,50	188,40	188,60	188,50	281,00	+0,05	281,05	
D......	18,20	18,20	18,20	256,00	256,10	256,05	237,85	+0,05	237,90	
SOMMES......							1.199,80	+0,20	1.200,00	

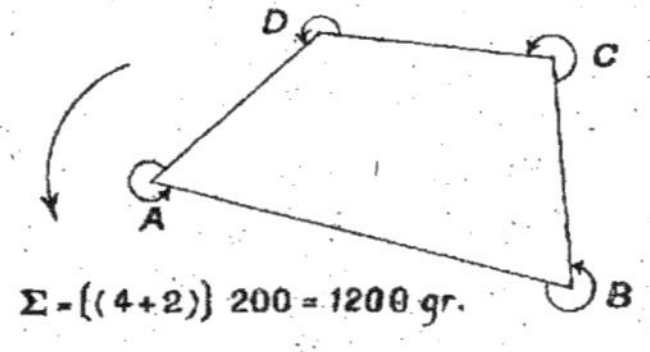

Fig. 12

$$\Sigma - \{(4+2)\}\,200 = 1200\ gr.$$

Carnet de nivellement par la méthode du cheminement

Instrument employé : NIVEAU COLLIMATEUR

DÉSIGNATION des STATIONS	COUP ARRIÈRE			Cote Arrière + Lecture Arrière = Cote Avant + Lecture Avant	COUP AVANT			COMPENSATION		REPÉREMENTS ET CROQUIS
	Point Arrière	Cote Avant	Lecture Arrière		Lecture Avant	Cote Avant	Point Avant	Répartition	Cote Avant compensée	
1......	A	10,00	0,995	10,995	1,730	9,265	B	-0,013	9,25	
2......	B	9,265	1,864	11,129	0,184	10,945	C	-0,026	10,92	
3......	C	10,945	1,062	12,007	1,787	11,220	D	-0,039	11,18	
4......	D	11,220	0,092	11,342	1,290	10,052	A	-0,052	10,00	

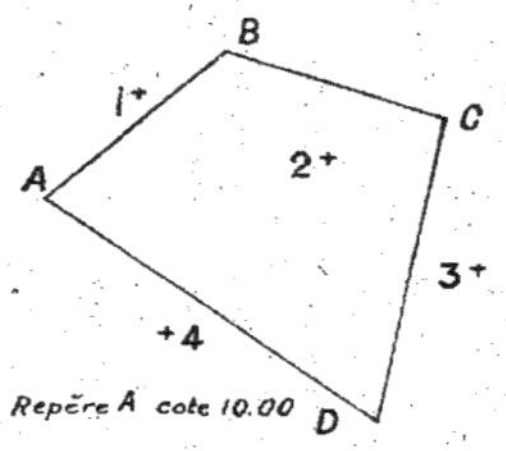

Fig. 13

Repère A cote 10.00

Le carnet de mesures d'angles par cheminement doit faire ressortir cette compensation ; nous en donnons (fig. 12) un exemple en supposant que les angles aient été mesurés avec un goniasmètre à 2 verniers.

2º COTES. — Puisque l'on revient au point de départ, il est évident que l'on doit à la fin du parcours retomber de nouveau sur la cote du premier point. L'erreur de fermeture qui ressort de la comparaison doit être répartie si elle est admissible.

Pour cela, on la partage en parties égales dont on corrige chacune des différences de niveau mesurées. Naturellement, les cotes correspondantes sont corrigées en conséquence ; par exemple si e est l'erreur de fermeture, n le nombre des côtés, on corrigera la cote de départ de 0 ;

Celle de 2º sommet de $\frac{e}{n}$;

Celle de 3º sommet de $\frac{2e}{n}$ etc.

Tout cela doit être préparé sur le carnet. Nous donnons (fig. 13) un exemple de carnet de nivellement par cheminement, l'instrument employé étant le niveau collimateur. Nous remarquons que, contrairement à beaucoup de carnets de nivellement, ce modèle n'emploie pas de différences de niveau additives ou soustractives et que chaque station correspond à une seule ligne.

3º VÉRIFICATION GRAPHIQUE. — Cette vérification intéresse à la fois la mesure des longueurs, celle des angles et leur report sur le dessin.

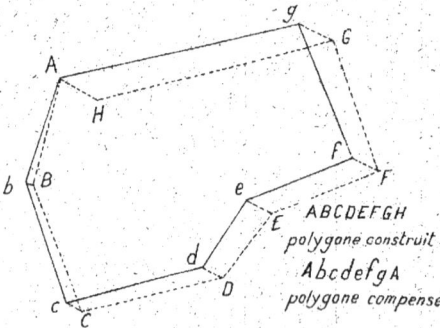

ABCDEFGH
polygone construit

Abcdefg A
polygone compensé

Fig. 14

La construction graphique du polygone par report des quantités mesurées donne au lieu d'un polygone fermé un polygone ouvert faisant ressortir ce qu'on appelle un vecteur de fermeture (voir fig. 14). Si celui-ci est inadmissible, on cherche à retrouver la faute commise et pour cela il est commode de chercher à la localiser au moyen de petites traverses levées rapidement (surtout si le polygone est de forme allongée).

Si le vecteur de fermeture est admissible, on le répartit par une méthode analogue à celle qui a été employée ci-dessus pour les cotes.

La figure a été exagérée pour rendre la démonstration sensible : les sommets B, C, D, E, F, G, H du polygone construit sont déplacés en b, c, d, e, f, g, h sur des parallèles à HA et de façon que

Bb	= 1/7 HA
Cc	= 2/7 HA
Dd	= 3/7 HA
Ee	= 4/7 HA
Ff	= 5/7 HA
Gg	= 6/7 HA

D. — Autres méthodes de lever

Parmi les nombreuses autres méthodes de lever, nous signalerons rapidement deux méthodes fréquemment employées pour les levers de détails.

Lever par intersection

Le point à lever M (voir fig. 15) est visé de 3 stations différentes déjà connues ABC faisant partie par exemple du canevas. Les trois droites directions de visée déterminent un triangle

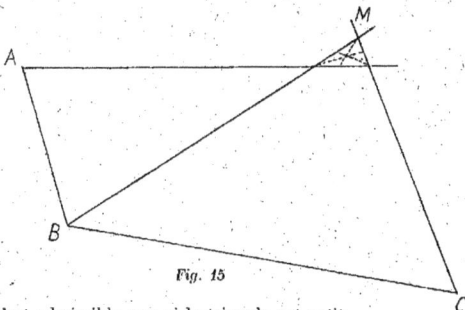

Fig. 15

d'erreur et la mesure n'est admissible que si le triangle est petit.

D'après la théorie des erreurs, la situation la plus probable du point M est le centre de gravité de ce petit triangle, point de rencontre des médianes.

Ici encore, la figure a été exagérée pour les besoins de la démonstration.

Signalons que cette méthode est en outre la seule possible pour lever un point inaccessible.

Lever par rayonnement (Voir fig. 16)

On lève un grand nombre de points autour d'une station A, en mesurant pour chacun :

1° L'angle que fait avec un vertical origine OZ le vertical passant par le point ;

2° La distance séparant A du point visé. Cela revient à mesurer les coordonnées polaires des points (ρ et ω).

Cette méthode est très rapide et très pratique surtout quand l'instrument mis en station permet de lire à la fois les angles et les distances sans exiger de déplacements de l'opérateur, c'est le cas des instruments appelés tachéomètres dont la description sort du cadre

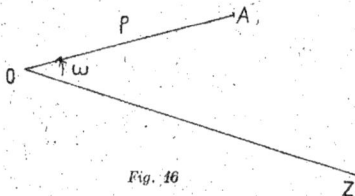

Fig. 16

de cette étude et doit être traitée dans les compléments du cours de topographie.

Enfin, il existe des combinaisons variées de ces diverses méthodes. Dans chaque cas, il y aura lieu de faire usage d'un carnet approprié tenant compte et de l'instrument et de la la méthode employée.

E. — Particularités relatives aux levers souterrains

Les levers souterrains fréquents dans les travaux de campagne (abris-cavernes, îlots de résistance, tunnels, guerre de mines) se font avec les mêmes méthodes que les levers ordinaires.

Mais les conditions particulières où l'on se trouvent exigent que l'on prennent certaines précautions que nous allons brièvement indiquer :

1° Tout lever souterrain doit être rattaché à un *canevas extérieur*, celui-ci fut-il réduit à une base rectiligne. Quand un travail souterrain doit comporter plusieurs entrées, des puits, etc., il importe de choisir comme canevas un polygone reliant sinon les points d'émergence eux-mêmes, tout au moins des repères très voisins. Dans ces conditions, chaque percée souterraine nouvelle permettra de donner des vérifications ;

2° Les *repères* de direction peuvent être rarement fixés sur le sol; il ne pourraient durer en raison de la circulation.

Si la galerie est boisée, on utilise des clous bien repérés que l'on plante au chapeau; on y suspend des fils à plomb qui servent ainsi de jalons de direction.

Si la galerie est au roc, il convient de placer des coins en bois au ciel et d'y planter des clous de la même façon.

Les repères de nivellement pourront être soit le niveau des semelles d'un châssis à l'aplomb d'un repère de direction fixé au chapeau, soit un trait horizontal gravé dans le roc ou tracé sur un montant latéral.

Quels qu'ils soient, les repères sont difficiles à protéger et à conserver surtout près du front de taille où cependant leur utilité est capitale. Aussi, en général, on procède en deux fois :

Des repères provisoires sont placés à l'avancement;

Puis quand le boisage est bien placé et que l'on a pu procéder à des vérifications, on met en place les repères définitifs.

Tant que l'on n'a pas réalisé des percées, on doit cheminer à l'avancement et, dans le lever d'une galerie, les fautes s'accumulent sans cesse. Pour éviter les erreurs résultant du mouvement possible des repères, il est recommandé chaque fois que l'on fait une opération de reprendre le lever des repères déjà placés assez loin en arrière pour s'assurer qu'il n'y a pas eu de dérangements depuis le dernier lever;

3° Les *mises en station* sont longues et difficiles. Rappelons que la boussole Burnier tenue à la main les supprime; certains opérateurs arrivent ainsi à mesurer l'orientement d'un alignement figuré par deux fils à plomb avec une précision très suffisante;

4° Les *conditions d'observation* sont mauvaises, l'éclairage des mires, fils et graduations est difficile, la buée ou la poussière et parfois la boue rendent souvent les opérations pénibles;

5° L'emploi des *boussoles* est rarement possible, car les travaux souterrains comportent le plus souvent l'usage de rails, wagonnets et outils en fer; des lampes à acétylène, des lignes et des moteurs électriques (ventilation, exhaure);

5° Les *reports de direction* sont souvent difficiles. Dans les retours d'équerre, l'alignement futur ne peut se donner que sur la largeur de la galerie; il importe alors d'opérer par approximations successives et de déplacer les repères d'alignement en suivant l'avancement jusqu'à ce qu'on possède une base raisonnable, de l'ordre de grandeur de celles qui composent le cheminement de la galerie.

Au fond des puits, la difficulté est encore plus considérable et le rattachement au canevas extérieur est précaire tant qu'une percée n'a pas permis de boucler un circuit souterrain; en effet, dans ce cas, la base de départ est égale au grand côté du puits, ce qui est toujours insuffisant. La seule méthode pratique consiste à donner l'alignement initial à la boussole et pour ce faire, il y a lieu de prendre toutes les précautions nécessaires en faisant enlever dans un rayon convenable tous les appareils et outils énumérés au § 5 ci-dessus. L'opération en vaut la peine; en outre elle sera faite une fois pour toutes et ne sera pas à renouveler.

V. — APPLICATION DES TRAVAUX TOPOGRAPHIQUES A L'ÉTUDE L'IMPLANTATION ET L'EXÉCUTION D'UN PROJET

A. — Organisation du travail

De même que toute usine possède un bureau d'études et de dessin, de même il est indispensable que dans toute Compagnie de sapeurs-mineurs il soit constitué une *brigade topographique*; même réduite à un embryon, cet organe doit exister pour soulager le Capitaine de la partie matérielle de ce travail qu'il peut sans inconvénient confier à des sapeurs spécialisés.

Suivant les ressources de la Compagnie à ce point de vue et suivant la nature des travaux entrepris, cette brigade sera plus ou moins développée.

Citons à titre d'indication que, dans une Compagnie divisionnaire en secteur normal on avait pu lui donner la composition suivante :

1º Un opérateur (sous-officier spécialiste);

2º Deux dessinateurs faisant fonction d'aides-opérateurs.

Il semble que dans bien des unités on puisse arriver à constituer des équipes analogues en utilisant pour ce faire d'une part les spécialistes proprement dits :

Conducteurs des ponts et chaussées ;

Agents voyers ;

Conducteurs de travaux ;

Géomètres ;

D'autre part des sapeurs susceptibles d'être rapidement dressés aux opérations simples de lever et servant en attendant d'aides et de dessinateurs :

Dessinateurs ;

Commis d'architecte ;

Élèves des Arts et Métiers, etc.

Comme *outillage*, on dispose d'abord de la dotation règlementaire du Parc de S/M, Modèle 1913, savoir :

Décamètre à ruban; Boussole Burnier; Petite planchette; Déclinatoire; Alidade nivélatrice; Goniasmomètre; Niveau collimateur; Mire à coulisse de 3 mètres.

Souvent pour certains travaux spéciaux (notamment projets de voie étroite) et quand on dispose d'un opérateur exercé, il y a intérêt à employer un niveau à fiole reversible (Modèle Secrétan, par exemple) avec mire parlante.

Signalons que certaines divisions ont obtenu un niveau de ce genre ; on peut le conserver, par exemple, au Parc du Génie de la Division, qui le prête sur ordre du Commandant du Génie pour des travaux bien déterminés.

Enfin, exceptionnellement, on peut avoir besoin d'un tachéomètre (par exemple, lever de détails rapide en vue de l'installation d'un important dépôt de munitions, cas qui s'est récemment présenté) ; le Commandement du Génie d'une Armée dispose en général de quelques-uns de ces appareils et les emploie suivant les besoins.

En résumé, il est prudent dans une Compagnie de S/M de ne compter que sur la dotation réglementaire qui d'ailleurs suffit pour la plupart des travaux demandés.

La brigade topographique ainsi constituée et outillée doit rester sous les ordres directs du capitaine qui fixe son travail et décide en particulier l'ordre d'urgence. L'expérience a montré que ces fonctions réclamaient beaucoup d'activité de la part des opérateurs; il faut se déplacer très fréquemment, savoir travailler vite et résister à la tendance qu'ont certains dessinateurs de profession de produire des dessins trop finis.

En somme, l'emploi de cette brigade au mieux des intérêts des travaux est assez délicat mais peut donner des résultats qui justifient largement la spécialisation de ce personnel. C'est le seul moyen de travailler à coup sûr, en particulier quand il s'agit d'utiliser des travaux mal commencés et de les achever.

Il serait intéressant de voir confirmer par un texte réglementaire l'existence de cet organe dans les Compagnies de S/M. Cela correspondrait à l'évolution générale des travaux confiés aux sapeurs et permettrait de recruter le personnel spécialisé en conséquence [1].

B. — Détails des opérations

Si nous suivons un projet depuis sa conception jusqu'à l'achèvement des travaux, nous rencontrerons les principales opérations suivantes :

1º *Lever* du terrain intéressé y compris, s'il y a lieu, les travaux existants (tranchées, réseaux, travaux commencés). Il faut avoir soin de lever en les rattachant au canevas des repères (de direction et de nivellement) nettement définis, bien protégés et placés commodément pour servir de base au futur travail ;

2º Après le report graphique de ce lever vient *l'étude* sur le plan du projet à réaliser. On examine les diverses solutions possibles et on vérifie si elles satisfont aux conditions imposées. On peut alors arrêter définitivement son choix et dresser le projet d'exécution ; celui-ci comporte, outre les plans et coupes diverses, le calcul des cotes à réaliser (dites *cotes rouges*), le repérage des alignements et les éléments nécessaires pour rattacher le projet au canevas initial. On détermine également, s'il y a lieu, l'emprise des diverses feuilles sur le terrain.

Quand le travail est important, on doit également étudier l'organisation du chantier (par exemple voies d'évacuation, dépôts de matériel, dépôts de déblais) et se faire un programme d'exécution progressive.

Pour passer à l'exécution, on dresse en outre des *croquis de chantier* pour chacun des différents chefs de chantier, portant des indications succinctes mais très nettes du travail à réaliser. Ces indications se composent d'éléments (longueurs, angles, pentes, cotes) rattachés à des repères bien en évidence ;

3º *L'implantation* du projet consiste précisément à placer les repères correspondant aux croquis de chantier ; souvent ils sont différents pour les alignements et le nivellement ; en tous cas, ils doivent être nettement visibles et souvent il est bon d'inscrire sur chacun d'eux la dénivellation à réaliser. Ces opérations ne sont en somme que l'inverse d'un lever. Toutefois, il y a des précautions à prendre pour disposer judicieusement certains repères spéciaux qui ne soient pas appelés à disparaître pendant l'exécution des travaux.

4º Au cours du travail, il y a lieu de procéder à des *vérifications* fréquentes, chaque fois que le chef de chantier le demande, et en outre toutes les fois que le capitaine le juge nécessaire. Il faut donner la direction et donner un coup de niveau, comme on dit en termes de chantier.

Quand le travail sera achevé, les erreurs observées à la fermeture donneront *à posteriori* un criterium sur la valeur des opérations topographiques effectuées.

---

[1] En dehors de l'exécution des opérations énumérées ci-après, les opérateurs et dessinateurs sont tout indiqués pour établir et tenir à jour les divers documents relatifs aux travaux et qui sont demandés aux Compagnies de sapeurs-mineurs : compte-rendus périodiques, feuilles d'avancement et plans navettes des travaux destinés au Commandement, demandes de matériel, situation journalière des approvisionnements sur le chantier et dans divers dépôts intermédiaires, demandes de transports (voie de 0 m. 60, voitures, porteurs, etc.), archives de secteur constituant le dossier de relève, archives techniques de la Compagnie comprenant les documents d'un caractère général au sujet des organisations défensives, du matériel et des travaux.

www.ingramcontent.com/pod-product-compliance
Lightning Source LLC
Chambersburg PA
CBHW070742280326
41934CB00011B/2776